Impressum
Verlag: BABADADA GmbH, Nedderfeld 112 , 22529 Hamburg
Geschäftsführer / Verlagsleitung: Harald Hof
Druck: Books on Demand GmbH, In de Tarpen 42, 22848 Norderstedt

Imprint
Publisher: BABADADA GmbH, Nedderfeld 112 , 22529 Hamburg, Germany
Managing Director / Publishing direction: Harald Hof
Print: Books on Demand GmbH, In de Tarpen 42, 22848 Norderstedt

sekolah

Šola

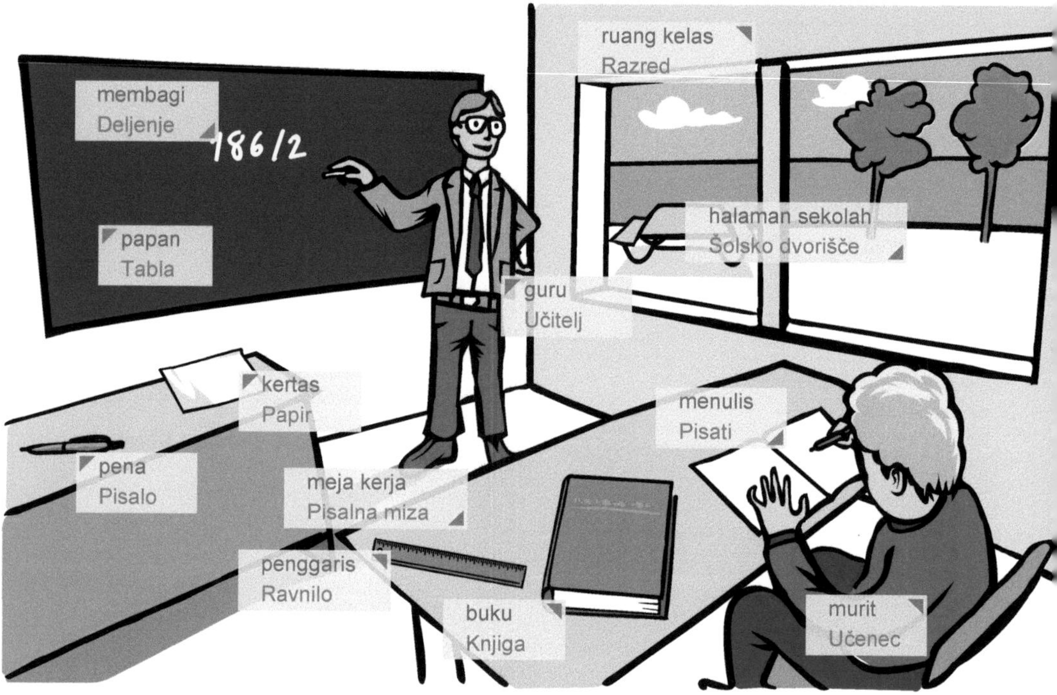
ruang kelas
Razred
membagi
Deljenje
186/2
papan
Tabla
halaman sekolah
Šolsko dvorišče
guru
Učitelj
kertas
Papir
menulis
Pisati
pena
Pisalo
meja kerja
Pisalna miza
penggaris
Ravnilo
buku
Knjiga
murit
Učenec

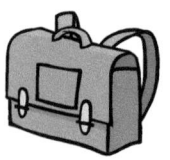

tas sekolah

Šolska torba

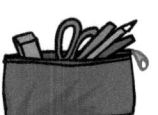

tempat pensil

Peresnica

pensil

Svinčnik

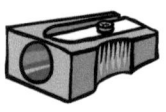

pengasah pensil

Šilček

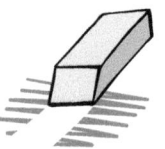

penghapus

Radirka

kertas gambar

Risalni blok

gambar

Risba

kuas

Čopič

kotak cat

Vodene barvice

gunting

Škarje

lem

Lepilo

buku latihan

Zvezek

pekerjaan rumah

Domača naloga

12

angka

Število

2+2

tambhakan

Seštevanje

5-2

mengurangi

Odštevanje

2×2

mengalikan

Množenje

menghitung

Računanje

A

huruf

Črka

ABCDEFG HIJKLMN OPQRSTU VWXYZ

alfabet

Abeceda

hello

kata

Beseda

teks

Besedilo

membaca

Brati

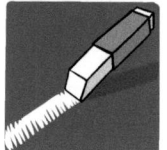

kapur

Kreda

pelajaran

Učna ura

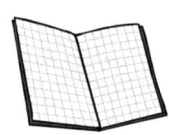

daftar

Redovalnica

ujian

Preizkus znanja

sertifikat

Spričevalo

seragam sekolah

Šolska uniforma

pendidikan

Izobrazba

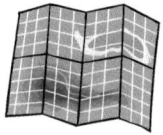

ensiklopedi

Enciklopedija

universitas

Univerza

mikroskop

Mikroskop

peta

Zemljevid

tempat sampah

Koš za smeti

perjalanan
Potovanje

hotel
Hotel
Grand
hostel
Hostel
ROOMS
kantor pertukaran mata uang
Menjalnica
EXCHANGE
koper
Kovček
mobil
Avtomobil

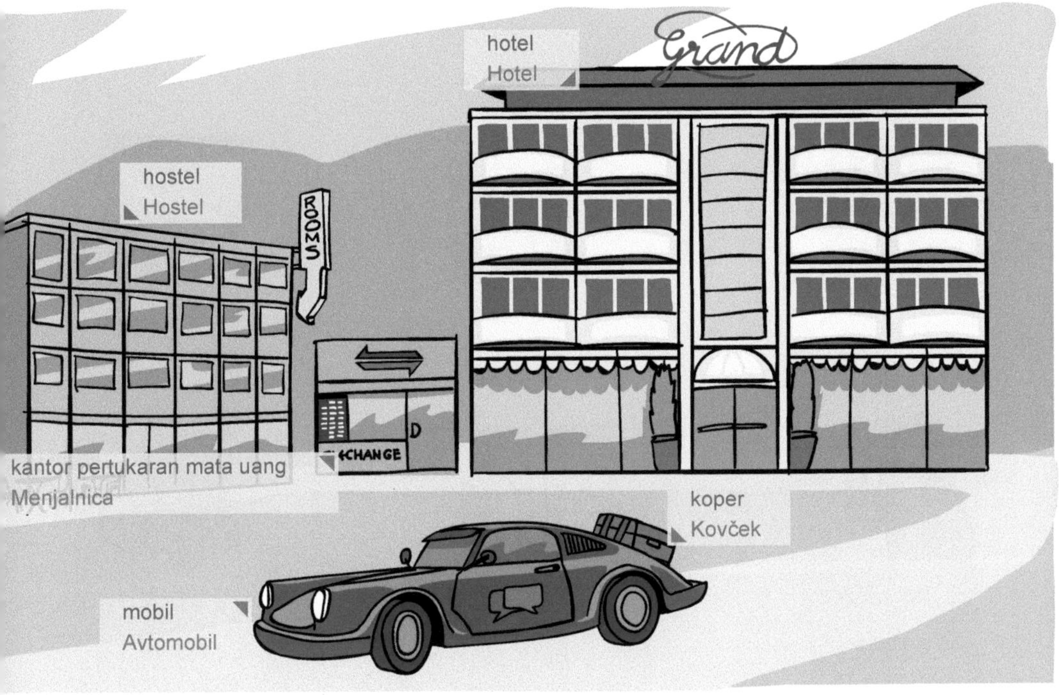

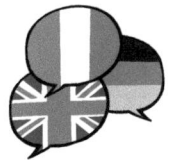

bahasa

Jezik

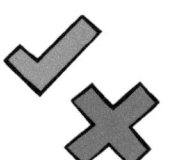

ya / tidak

da / ne

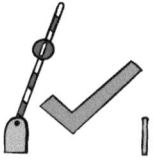

okay

Prav

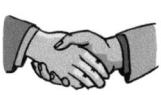

hallo

Pozdravljeni

penerjemah

Prevajalec

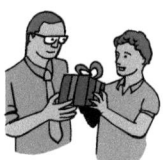

terima kasih

Hvala

Berapa harganya...?

Koliko stane...?

saya tidak mengerti

Ne razumem

masalah

Težava

Selamat malam!

Dober večer!

Selamat siang!

Dobro jutro!

Selamat tidur!

Lahko noč!

sampai jumpa

Nasvidenje

arah

Smer

bagasi

Prtljaga

tas

Torba

ransel

Nahrbtnik

tamu

Gost

ruang

Soba

kantong tidur

Spalna vreča

tenda

Šotor

informasi wisata

Turistične informacije

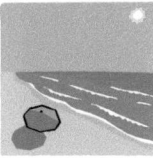

pantai

Plaža

kartu kredit

Kreditna kartica

sarapan

Zajtrk

makan siang

Kosilo

makan malam

Večerja

tiket

Vozovnica

elevator

Dvigalo

perangko

Znamka

perbatasan

Meja

cukai

Carina

kedutaan

Veleposlaništvo

visa

Vizum

paspor

Potni list

transportasi
Prevoz

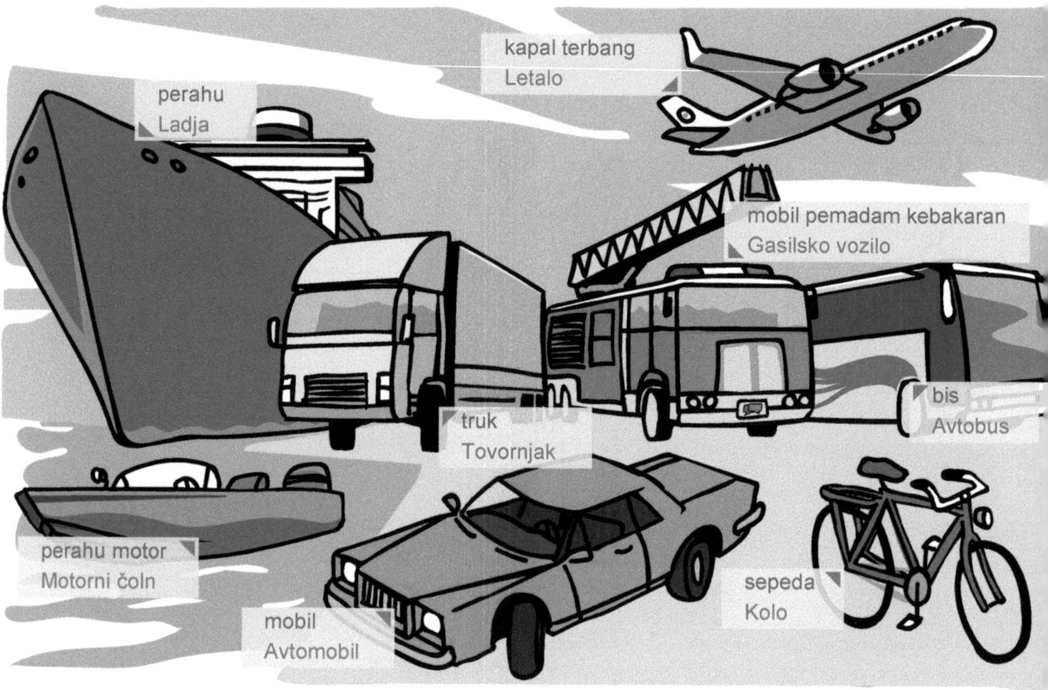
kapal terbang
Letalo
perahu
Ladja
mobil pemadam kebakaran
Gasilsko vozilo
bis
Avtobus
truk
Tovornjak
perahu motor
Motorni čoln
sepeda
Kolo
mobil
Avtomobil

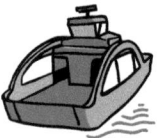

feri

Trajekt

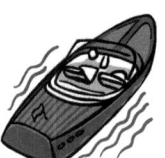

perahu

Čoln

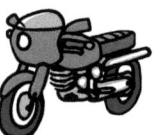

sepeda motor

Motorno kolo

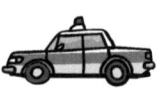

mobil polisi

Policijski avto

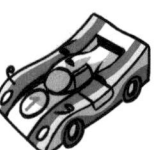

mobil balapan

Dirkalni avto

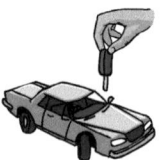

mobil sewa

Najeto vozilo

berbagi mobil

Souporaba avtomobila

truk derek

Avtovleka

truk sampah

Smetarsko vozilo

motor

Motor

bahan bakar

Gorivo

bensin

Bencinska postaja

tanda lalulintas

Prometni znak

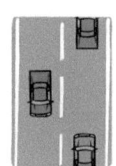

lalulintas

Promet

macet

Zastoj

parkir mobil

Parkirišče

stasiun kereta

Železniška postaja

trek

Tirnice

kereta api

Vlak

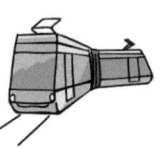

tram

Tramvaj

gerobak

Vagon

helikopter
Helikopter

bendara
Letališče

menara
Stolp

penumpang
Potnik

container
Kontejner

karton
Karton

troli
Voziček

keranjang
Košara

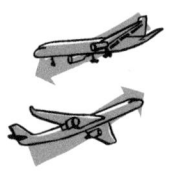

berangkat / mendarat
vzleteti / pristati

kota
Mesto

desa
Vas

pusat kota
Mestno jedro

rumah
Hiša

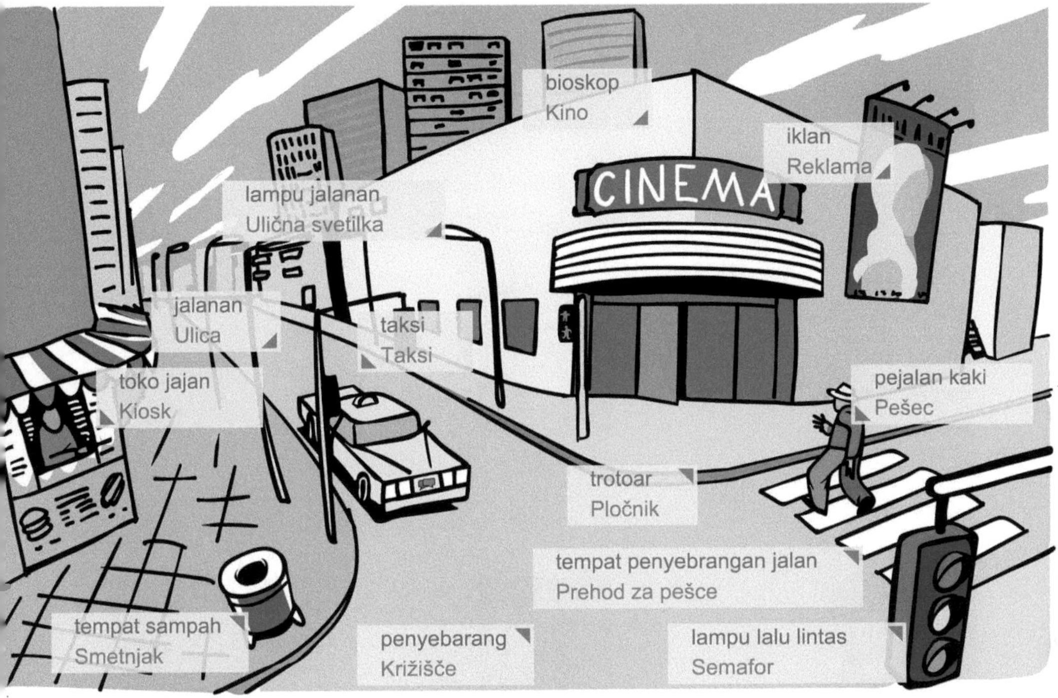

bioskop
Kino

iklan
Reklama

lampu jalanan
Ulična svetilka

CINEMA

jalanan
Ulica

taksi
Taksi

toko jajan
Kiosk

pejalan kaki
Pešec

trotoar
Pločnik

tempat penyebrangan jalan
Prehod za pešce

tempat sampah
Smetnjak

penyebarang
Križišče

lampu lalu lintas
Semafor

gubuk
Koča

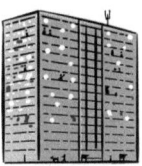

rumah flat
Stanovanje

stasiun kereta
Železniška postaja

balai kota
Mestna hiša

museum
Muzej

sekolah
Šola

universitas

Univerza

bank

Banka

rumah sakit

Bolnišnica

hotel

Hotel

farmasi

Lekarna

kantor

Pisarna

toko buku

Knjigarna

toko

Trgovina

toko bunga

Cvetličarna

supermarket

Supermarket

pasar

Tržnica

toko serba ada

Veleblagovnica

nelayan

Ribarnica

pusat belanja

Nakupovalno središče

pelabuhan

Pristanišče

taman

Park

banku

Klop

jembatan

Most

tangga

Stopnice

kereta bawah tanah

Podzemna železnica

terowongan

Predor

pemberhantian bis

Avtobusno postajališče

bar

Bar

restauran

Restavracija

kotak surat

Poštni nabiralnik

tanda jalan

Ulična tabla

meteran parkir

Parkirna ura

kebun binatang

Živalski vrt

kolam renang

Kopališče

mesjid

Mošeja

pertanian

Kmetija

polusi

Onesnaževanje

kuburan

Pokopališče

gereja

Cerkev

tempat bermain

Otroško igrišče

pura

Tempelj

pemandangan
Pokrajina

daun
List

penunjuk arah
Kažipot

jalanan
Pot

padang rumput
Travnik

batu
Kamen

pohon
Drevo

pejalak kaki
Pohodnik

sungai
Reka

rumput
Trava

bunga
Cvetlica

lembah
Dolina

bukit
Hrib

danau
Jezero

hutan
Gozd

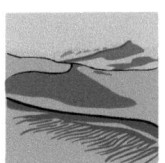

padang gurun
Puščava

gunung berapi
Vulkan

istana
Grad

pelangi
Mavrica

jamur
Goba

pohon palem
Palma

nyamuk
Komar

lalat
Muha

semut
Mravlja

lebah
Čebela

laba-laba
Pajek

kumbang

Hrošč

kodok

Žaba

tupai

Veverica

landak

Jež

kelinci

Zajec

burung hantu

Sova

burung

Ptič

angsa

Labod

babi jantan

Divji prašič

rusa

Jelen

rusa

Los

bendungan

Jez

turbin angin

Vetrnica

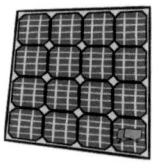

panel surya

Solarna plošča

iklim

Podnebje

restauran
Restavracija

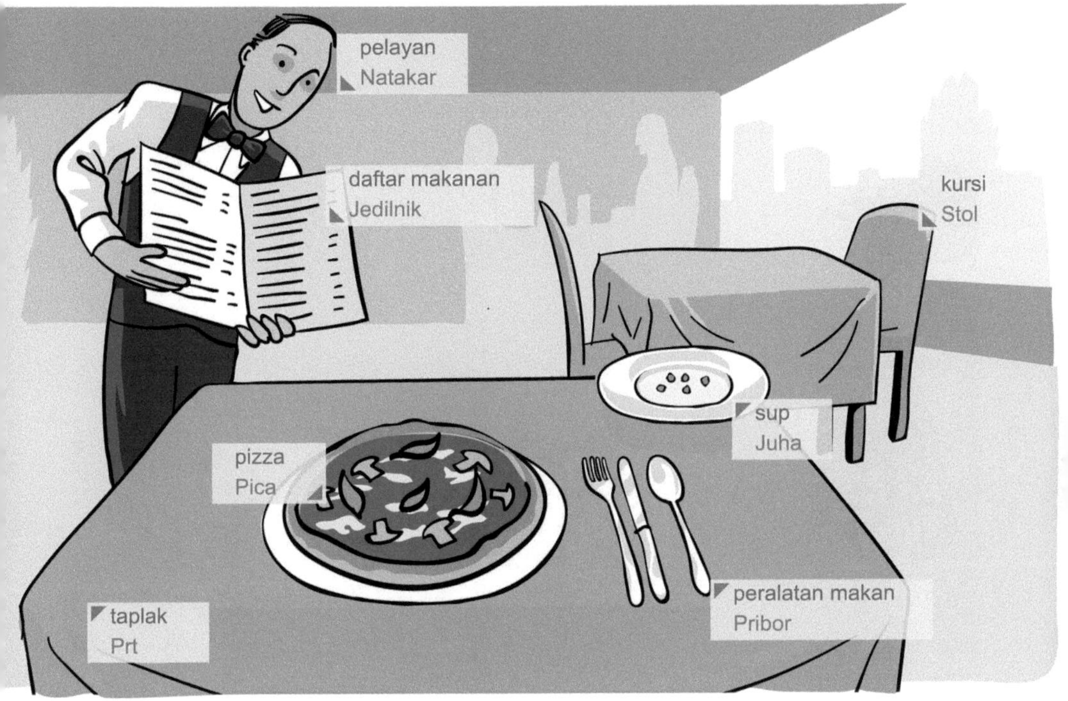
pelayan
Natakar
daftar makanan
Jedilnik
kursi
Stol
sup
Juha
pizza
Pica
peralatan makan
Pribor
taplak
Prt

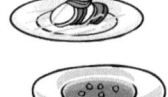

hindangan pembuka

Predjed

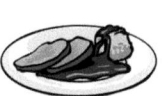

hidangan utama

Glavna jed

hidangan penutup

Sladica

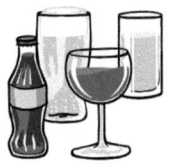

minuman

Pijače

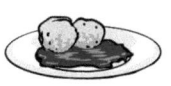

makanan

Hrana

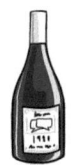

botol

Steklenica

fastfood

Hitra hrana

masakan jalanan

Ulična hrana

teko teh

Čajnik

kaleng gula

Sladkornica

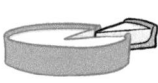

porsi

Porcija

mesin espresso

Aparat za espresso

kursi tinggi

Stolček za hranjenje

tagihan

Račun

baki

Pladenj

pisau

Nož

garpu

Vilica

sendok

Žlica

sendok teh

Čajna žlička

serbet

Servieta

gelas

Kozarec

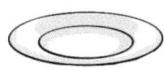

piring

Krožnik

piring sup

Globoki krožnik

lepek

Krožniček

saus

Omaka

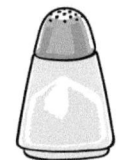

tempat garam

Solnica

gilingan merica

Mlinček za poper

cuka

Kis

minyak

Olje

bumbu

Začimbe

saus tomat

Kečap

mustar

Gorčica

mayones

Majoneza

supermarket
Supermarket

penawaran khusus
Posebna ponudba
klien
Stranka
FOR
produk susu
Mlečni izdelki
buah
Sadje
troli
Nakupovalni voziček

BUTCHERS

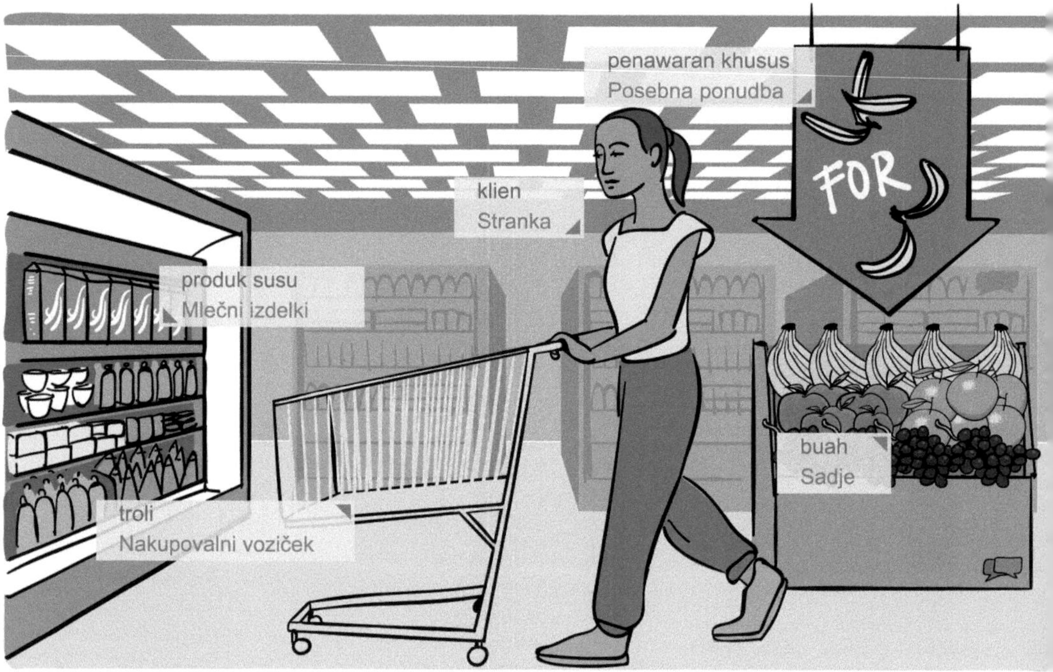

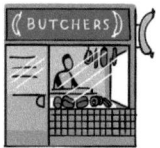

pembantai

Mesnica

BAKERY

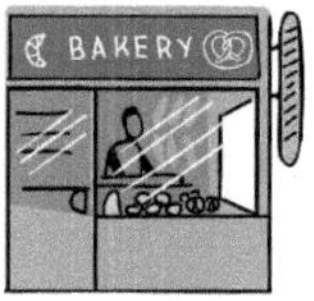

toko roti

Pekarna

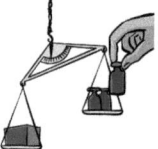

menimbang

Tehtati

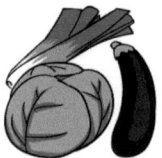

sayur

Zelenjava

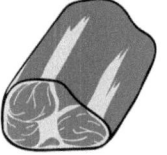

daging

Meso

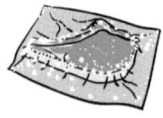

makanan beku

Zamrznjena hrana

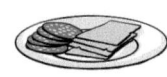

pemotongan dingin

Hladne mesnine

makanan kaleng

Konzerve

sabun serbuk

Pralni prašek

permen

Sladkarije

alat-alat rumah tangga

Gospodinjski izdelki

obat pembersihan

Čistilno sredstvo

penjual

Prodajalka

kasa

Blagajna

kasir

Blagajnik

daftar belanja

Nakupovalni seznam

jam buka

Delovni čas

dompet

Denarnica

kartu kredit

Kreditna kartica

tas

Torba

kantong plastik

Plastična vrečka

air

Voda

jus

Sok

susu

Mleko

cola

Kola

anggur

Vino

bir

Pivo

alkohol

Alkohol

coklat

Kakav

teh

Čaj

kopi

Kava

espresso

Espresso

cappucino

Kapučino

pisang

Banana

apel

Jabolko

jeruk

Pomaranča

semangka

Lubenica

jeruk lemon

Limona

wortel

Korenje

bawang putih

Česen

bambu

Bambus

bawang bombai

Čebula

jamur

Goba

kacang

Oreščki

mi

Rezanci

spagetti

Špageti

nasi

Riž

salat

Solata

kentang goreng

Ocvrt krompirček

kentang goreng

Pečen krompir

pizza

Pica

hamburger

Hamburger

sandwich

Sendvič

sayatan

Zrezek

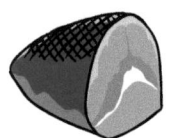

ham

Šunka

salami

Salama

sosis

Klobasa

ayam

Piščanec

menggoreng

Pečenka

ikan

Riba

bubur gandum

Ovseni kosmiči

sereal

Musli

cornflakes

Koruzni kosmiči

tepung

Moka

croissant

Rogljiček

roti

Žemlja

roti

Kruh

toast

Prepečenec

biskuit

Piškoti

mentega

Maslo

dadih

Skuta

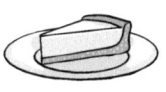

kue

Torta

telur

Jajce

telur goreng

Pečeno jajce na oko

keju

Sir

eskrim

Sladoled

gula

Sladkor

madu

Med

selai

Marmelada

krim nugat

Čokoladni namaz

kare

Kari

pertanian
Kmetija

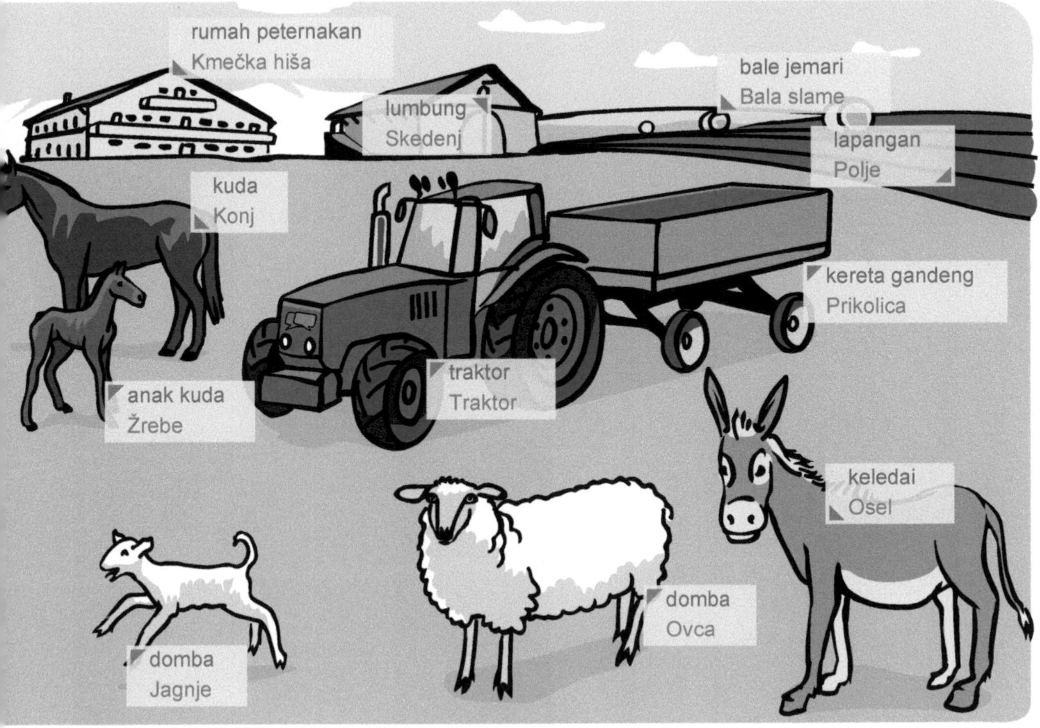
rumah peternakan
Kmečka hiša
bale jemari
Bala slame
lumbung
Skedenj
lapangan
Polje
kuda
Konj
kereta gandeng
Prikolica
traktor
Traktor
anak kuda
Žrebe
keledai
Osel
domba
Ovca
domba
Jagnje

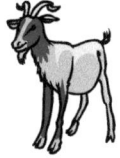

kambing

Koza

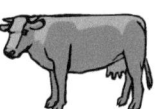

sapi

Krava

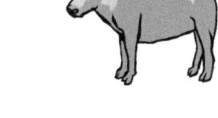

betis

Tele

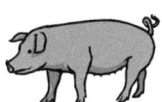

babi

Prašič

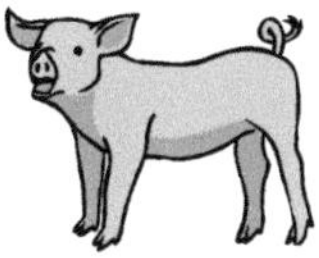

celeng

Pujsek

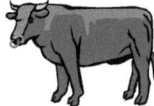

banteng

Bik

angsa

Gos

bebek

Raca

anak ayam

Piščanec

ayam

Kokoš

ayam jantan

Petelin

tikus

Podgana

kucing

Mačka

tikus

Miš

lembu

Vol

anjing

Pes

rumah anjing

Pasja uta

selang

Cev za zalivanje

penyiram

Kangla za zalivanje

sabit

Kosa

bajak

Plug

sabit

Srp

cangkul

Motika

garpu rumput

Vile

kapak

Sekira

gerobak

Samokolnica

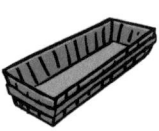

palung

Korito

kaleng susu

Kangla za mleko

karung

Vreča

pagar

Ograja

kandang

Hlev

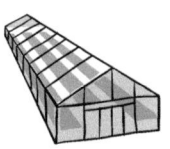

rumah kaca

Rastlinjak

tanah

Prst

benih

Seme

pupuk

Gnojilo

mesin pemanen

Kombajn

panen

Žeti

panen

Žetev

yams

Jam

gandum

Pšenica

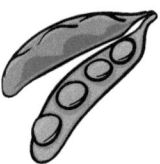

kedelai

Soja

kentang

Krompir

jagung

Koruza

lobak

Oljna ogrščica

pohon buah

Sadno drevo

singkong

Maniok

sereal

Žito

rumah
Hiša

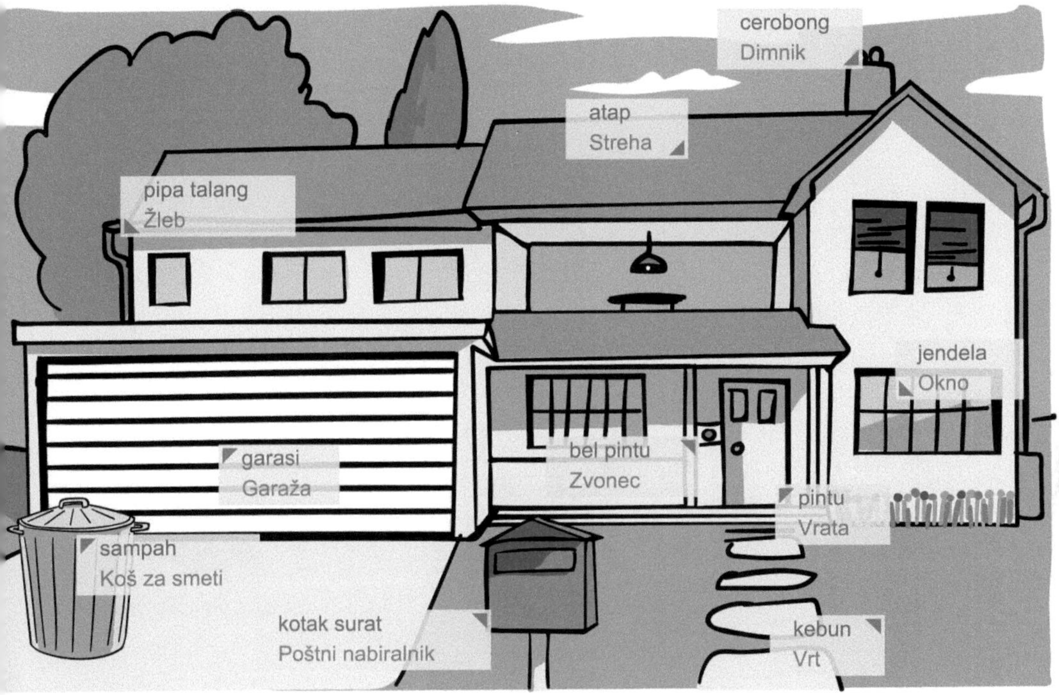
cerobong
Dimnik
atap
Streha
pipa talang
Žleb
jendela
Okno
garasi
Garaža
bel pintu
Zvonec
pintu
Vrata
sampah
Koš za smeti
kotak surat
Poštni nabiralnik
kebun
Vrt

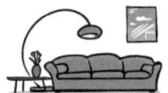

ruang tamu

Dnevna soba

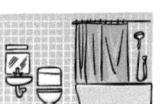

kamar mandi

Kopalnica

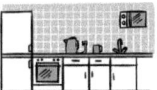

dapur

Kuhinja

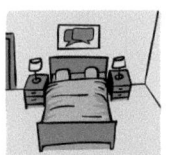

kamar tidur

Spalnica

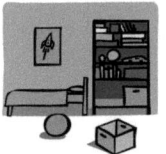

kamar anak

Otroška soba

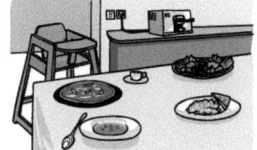

kamar makan

Jedilnica

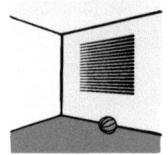

lantai

Tla

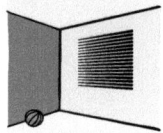

tembok

Stena

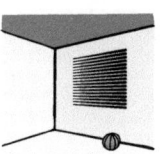

atap

Strop

gudang di bawah tanah

Klet

sauna

Savna

balkon

Balkon

teras

Terasa

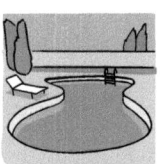

kolam renang

Bazen

mesin pemotong rumput

Kosilnica

sprei

Rjuha

selimut

Posteljno pregrinjalo

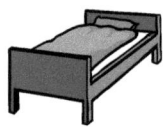

tempat tidur

Postelja

sapu

Metla

ember

Vedro

tombol

Stikalo

ruang tamu
Dnevna soba

kertas dinding
Tapeta
gambar
Slika
lampu
Svetilka
rak
Polica
kabinet
Omara
televisi
Televizor
perapian
Kamin
bunga
Cvetlica
bantal
Blazina
sofa
Zofa
vas
Vaza
remote control
Daljinski upravljalnik

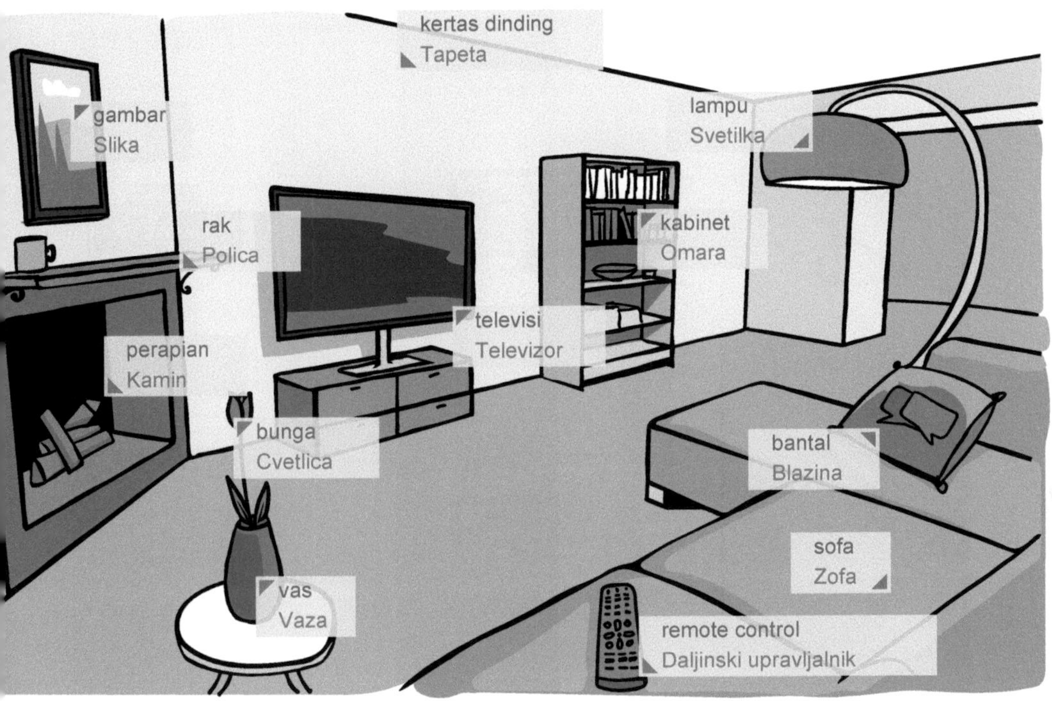

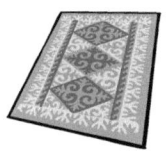

karpet
....
Preproga

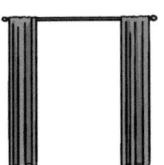

korden
....
Zavesa

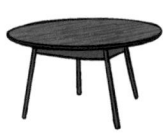

meja
....
Miza

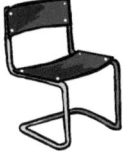

kursi
....
Stol

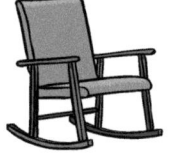

kursi goyang
....
Gugalnik

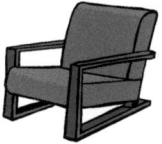

kursi malas
....
Naslanjač

buku

Knjiga

selimut

Odeja

dekorasi

Dekoracija

kayu bakar

Drva

filem

Film

hi-fi

Glasbeni stolp

kunci

Ključ

koran

Časopis

lukisan

Slika

poster

Plakat

radio

Radio

buku tulis

Beležka

penyedot debu

Sesalnik

kaktus

Kaktus

lilin

Sveča

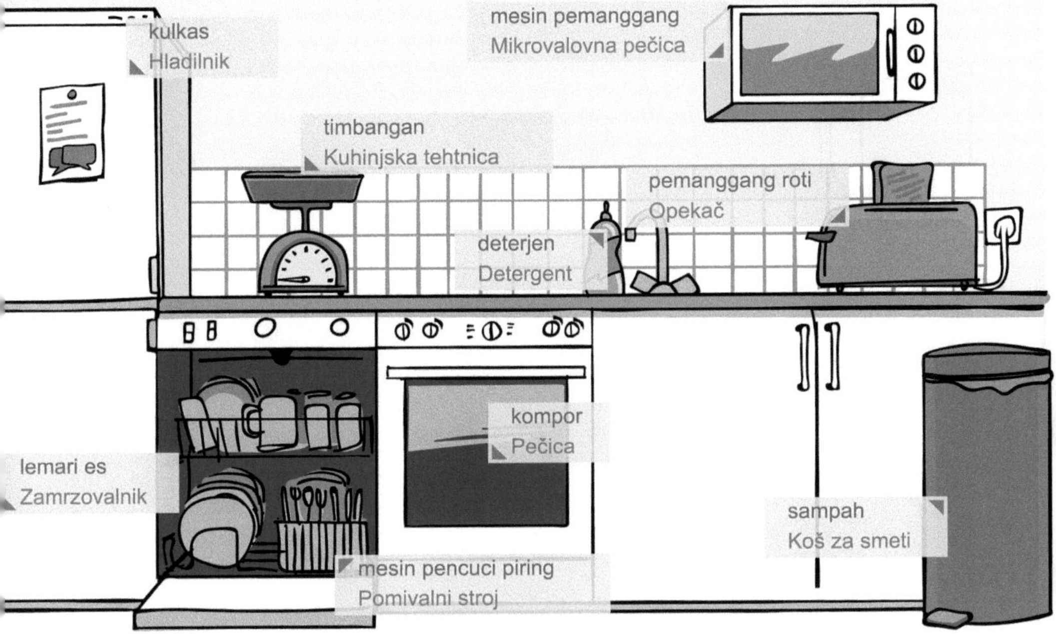

kulkas
Hladilnik

mesin pemanggang
Mikrovalovna pečica

timbangan
Kuhinjska tehtnica

pemanggang roti
Opekač

deterjen
Detergent

kompor
Pečica

lemari es
Zamrzovalnik

sampah
Koš za smeti

mesin pencuci piring
Pomivalni stroj

kompor

Kozica

panci

Lonec

panci besi

Litoželezni lonec

wajan

Vok / kadai

panci

Ponev

pemanas air

Kotliček

panci pengukus makanan

Parni kuhalnik

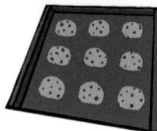

nampan

Pekač

piring

Posoda

cangkir

Skodelica

mangkok

Skleda

sumpit

Jedilne paličice

sendok sup

Zajemalka

sudip

Lopatica

mengocok

Metlica

saringan

Cedilnik

saringan

Cedilo

parutan

Strgalo

mortir

Možnar

barbeque

Žar

api terbuka

Ognjišče

dapur - Kuhinja

papan memotong

Deska za rezanje

gilingan

Valjar

alat pembuka botol

Odpirač za steklenice

kaleng

Pločevinka

pembuka kaleng

Odpirač za konzerve

pegangan panci

Prijemalka za posodo

wastafel

Korito

sikat

Ščetka

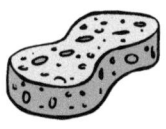

busa

Goba

mesin pencampur

Mešalnik

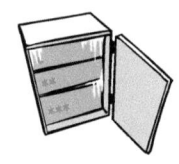

lemari es

Zamrzovalna skrinja

botol bayi

Steklenička

keran

Pipa

kamar mandi

Kopalnica

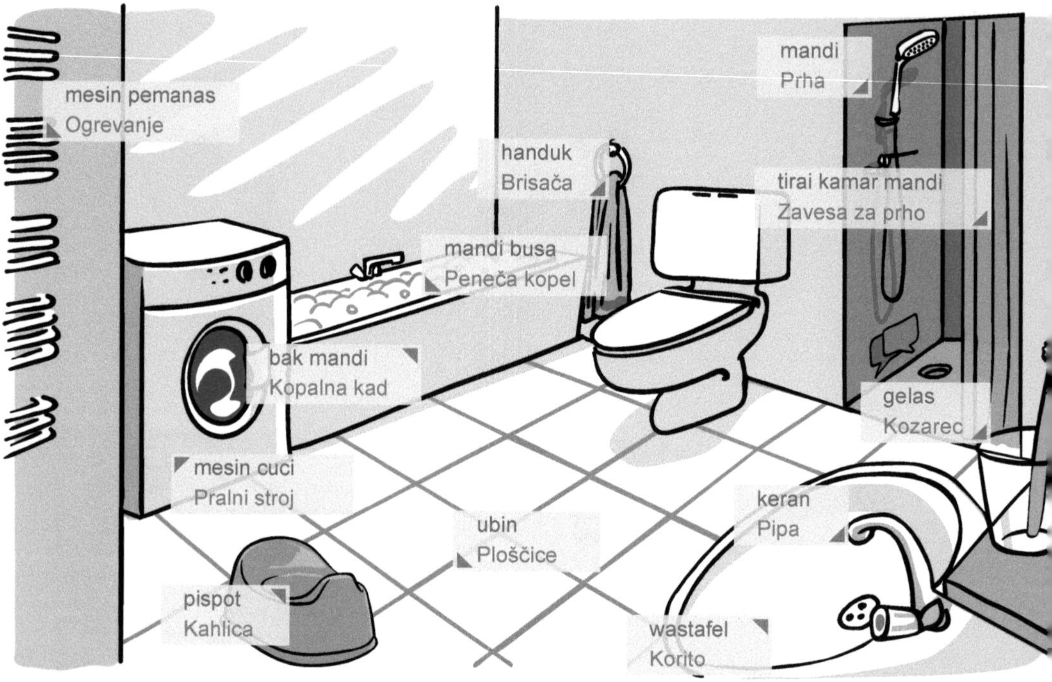
mesin pemanas
Ogrevanje
handuk
Brisača
mandi
Prha
tirai kamar mandi
Zavesa za prho
mandi busa
Peneča kopel
bak mandi
Kopalna kad
gelas
Kozarec
mesin cuci
Pralni stroj
keran
Pipa
ubin
Ploščice
pispot
Kahlica
wastafel
Korito

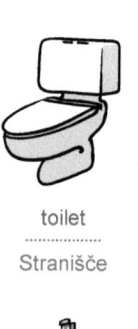

toilet

Stranišče

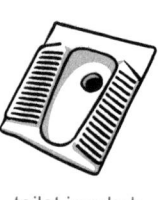

toilet jongkok

Stranišče na počep

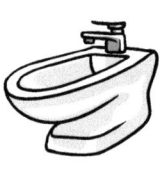

bidet

Bide

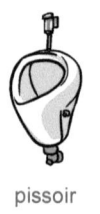

pissoir

Pisoar

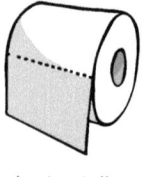

kertas toilet

Toaletni papir

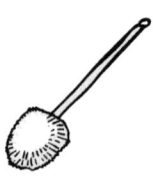

sikat toilet

Ščetka za straniščno školjko

sikat gigi

Zobna ščetka

pasta gigi

Zobna pasta

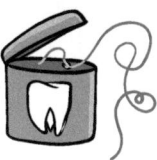

benang gigi

Zobna nitka

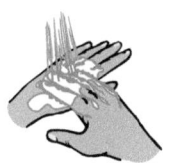

menyuci

Umiti se

pancuran tangan

Ročna prha

pancuran

Prha za intimne dele

bak

Umivalnik

sikat punggung

Krtača za hrbet

sabun

Milo

gel mandi

Gel za prhanje

sampo

Šampon

planel

Krpica za miljenje

kuras

Odtok

krim

Krema

deodoran

Deodorant

kaca

Ogledalo

cermin tangan

Ročno ogledalo

pisau cukur

Britvica

busa cukur

Pena za britje

aftershave

Vodica po britju

sisir

Glavnik

sikat

Ščetka

alat pengering rambut

Sušilnik za lase

semprot rambut

Lak za lase

makeup

Ličila

lipstik

Šminka

cat kuku

Lak za nohte

kapas

Vatirane blazinice

gunting kuku

Škarjice za nohte

minyak wangi

Parfum

kantong pencuci

Toaletna torbica

bangku

Stol brez naslonjala

timbangan

Osebna tehtnica

mantel mandi

Kopalni plašč

sarung tangan karet

Gumijaste rokavice

tampon

Tampon

handuk pembalut

Damski vložki

toilet kimia

Kemično stranišče

kamar anak
Otroška soba

jam alarm
Budilka
boneka tidur
Plišasta igrača
mobil-mobilan
Avtomobilček
kelintung
Ropotuljica
rumah boneka
Hiška za punčke
kado
Darilo

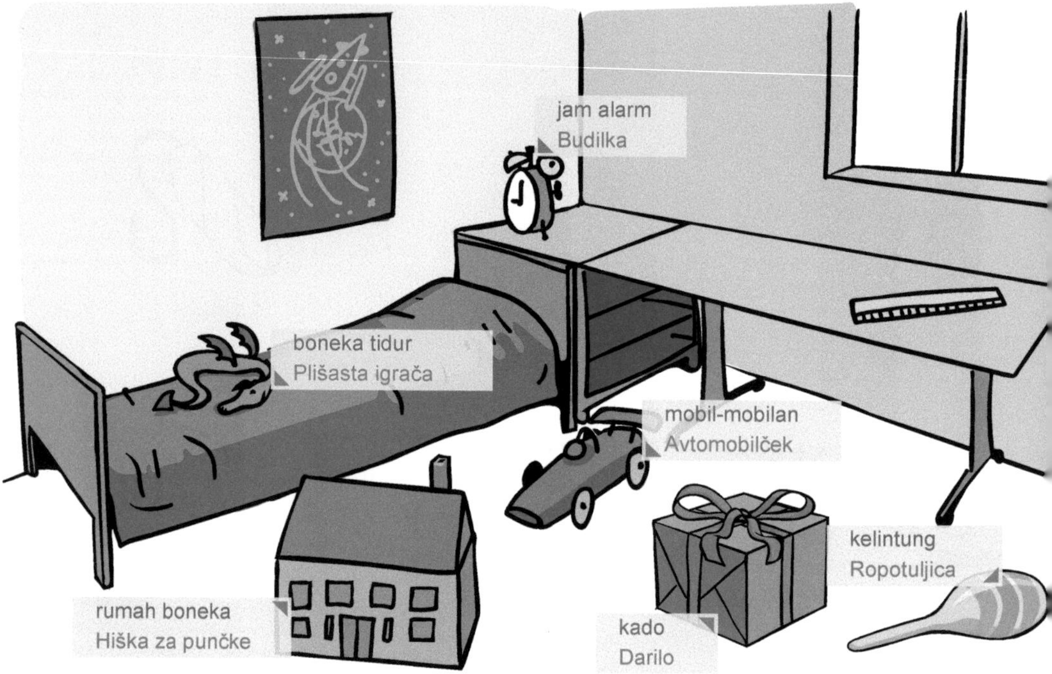

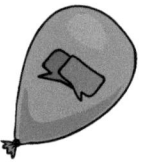

balon

Balon

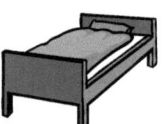

tempat tidur

Postelja

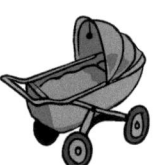

kereta bayi

Otroški voziček

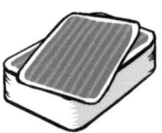

mainan kartu

Igralne karte

teka-teki

Sestavljanka

SUPER MEGA

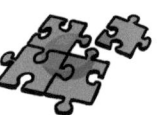

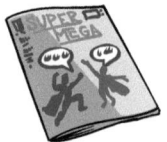

komik

Strip

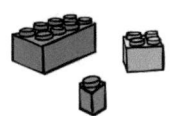

mainan lego

Lego kocke

blok mainan

Igralne kocke

figur aksi

Akcijska figura

baju monyet

Bodi

frisbee

Frizbi

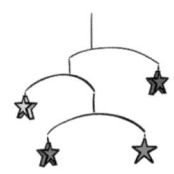

mobile

Vrtiljak za posteljico

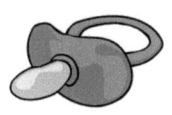

permainan papan

Namizna igra

dadu

Kocka

set model kreta api

Komplet modelov vlakov

dot

Duda

pesta

Zabava

buku gambar

Slikanica

bola

Žoga

boneka

Lutka

bermain

Igrati se

tempat main pasir

Peskovnik

ayunan

Gugalnica

mainan

Igrače

video game konsol

Igralna konzola

sepeda roda tiga

Tricikel

teddy

Plišasti medvedek

lemari pakaian

Garderoba

pakaian
Oblačilo

kaos kaki

Nogavice

kaos kaki

Samostoječe nogavice

baju ketat

Hlačne nogavice

syal
Šal

payung
Dežnik

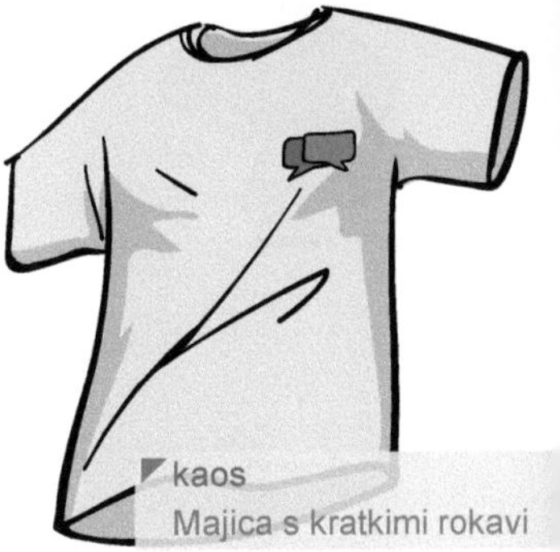

kaos
Majica s kratkimi rokavi

sabuk
Pas

sepatu bot
Škornji

sandal
Copati

sepatu
Športni copati

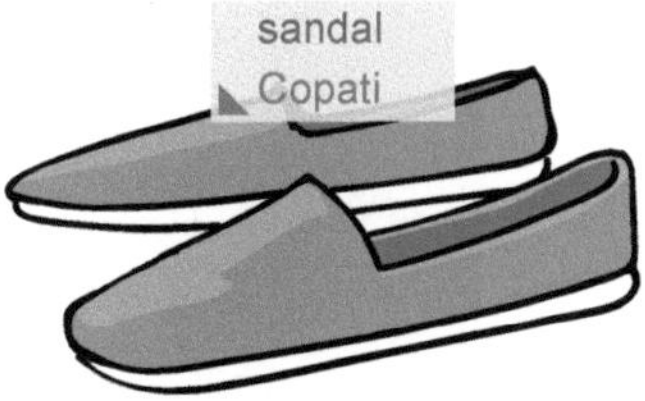

sandal
....
Sandali

sepatu
....
Čevlji

sepatu bot karet
....
Gumijasti škornji

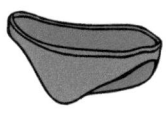

celana dalam
....
Spodnje hlače

BH
....
Modrček

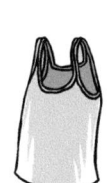

baju rompi
....
Telovnik

body
Bodi

celana
Hlače

jeans
Kavbojke

rok
Krilo

blus
Bluza

kemeja
Srajca

aket berkerudung
Pulover

sweater
Pletena jopica

jaket
Jopa

jaket
Jakna

mantel
Plašč

jas hujan
Dežni plašč

kostum
Kostim

gaun
Obleka

gaun pengantin
Poročna obleka

setelan resmi

Obleka

gaun tidur

Spalna srajca

piyama

Pižama

sari

Sari

jilbab

Naglavna ruta

turban

Turban

burka

Burka

kaftan

Kaftan

abaya

Abaja

pakaian renang

Kopalke

celana renang

Kopalne hlače

celana pendek

Kratke hlače

olah raga

Trenirka

celemek

Predpasnik

sarung tangan

Rokavice

kancing

Gumb

kacamata

Očala

gelang

Zapestnica

kalung

Verižica

cincin

Prstan

anting

Uhan

topi

Kapa

gantungan mantel

Obešalnik

topi

Klobuk

dasi

Kravata

ritsleting

Zadrga

helm

Čelada

tali selempang

Naramnice

seragam sekolah

Šolska uniforma

seragam

Uniforma

oto
Slinček

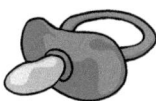

dot
Duda

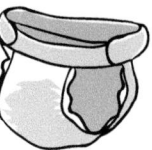

popok
Plenica

kantor
Pisarna

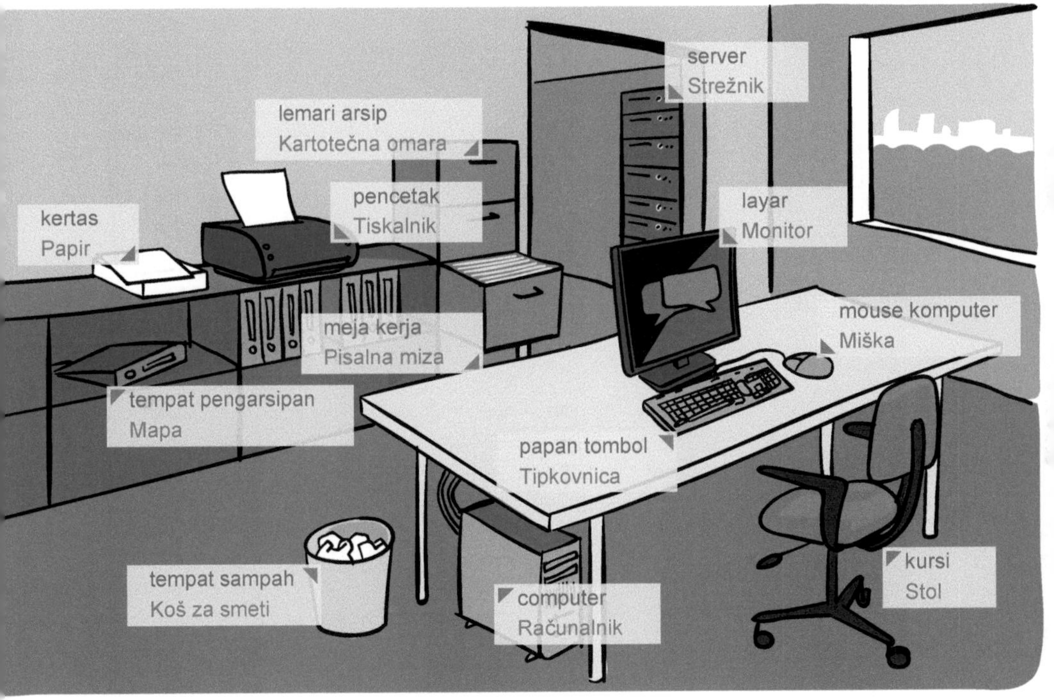

server
Strežnik

lemari arsip
Kartotečna omara

pencetak
Tiskalnik

layar
Monitor

kertas
Papir

mouse komputer
Miška

meja kerja
Pisalna miza

tempat pengarsipan
Mapa

papan tombol
Tipkovnica

kursi
Stol

tempat sampah
Koš za smeti

computer
Računalnik

cangkir kopi
Lonček za kavo

kalkulator
Kalkulator

internet
Internet

laptop

Prenosnik

surat

Pismo

pesan

Sporočilo

telepon seluler

Mobilnik

jaringan

Omrežje

fotokopi

Kopirni stroj

software

Programska oprema

telepon

Telefon

plug soket

Vtičnica

mesin fax

Telefaks

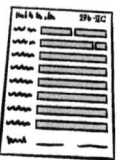

formulir

Obrazec

dokumen

Dokument

membeli

Kupiti

membayar

Plačati

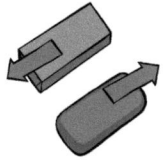

berdagang

Trgovati

uang

Denar

Dollar

Dolar

Euro

Evro

Yen

Jen

Rubel

Rubelj

Franc Swiss

Švičarski frank

Renminbi Yuan

Kitajski juan renminbi

Rupiah

Rupija

ATM

Bankomat

kantor pertukaran mata uang
Menjalnica

emas
Zlato

perak
Srebro

minyak
Nafta

energi
Energija

harga
Cena

kontrak
Pogodba

pajak
Davek

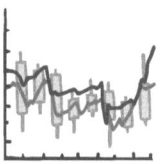

saham
Delnice

bekerja
Delati

karyawan
Delojemalec

majikan
Delodajalec

pabrik
Tovarna

toko
Trgovina

pekerjaan
Poklici

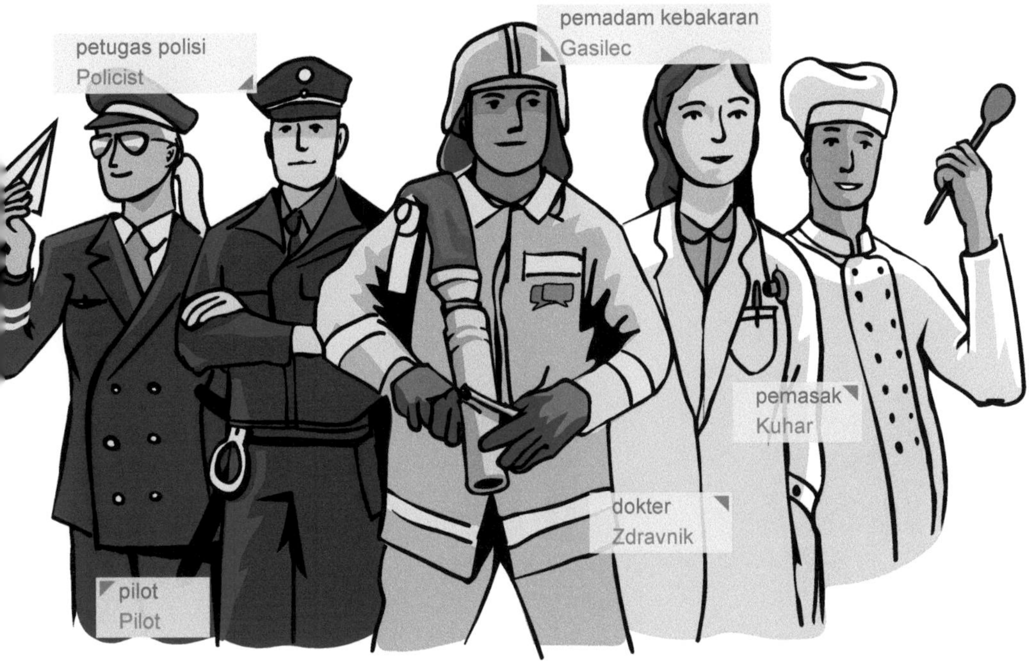

petugas polisi
Policist
pemadam kebakaran
Gasilec
pemasak
Kuhar
dokter
Zdravnik
pilot
Pilot

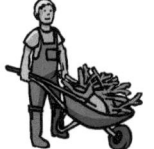

tukan kebun

Vrtnar

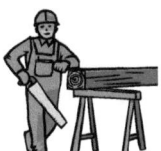

tukang kayu

Mizar

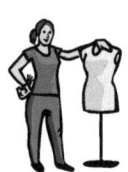

penjahit wanita

Šivilja

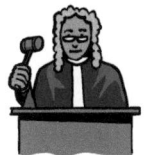

hakim

Sodnik

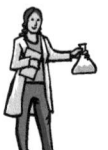

ahli kimia

Kemik

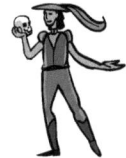

aktor

Igralec

sopir bis

Voznik avtobusa

sopir taksi

Taksist

nelayan

Ribič

pembantu

Čistilka

tukang atap

Krovec

pelayan

Natakar

pemburu

Lovec

pelukis

Pleskar

tukang roti

Pek

tukang listrik

Električar

pembangun

Gradbenik

insinyur

Inženir

tukang daging

Mesar

tukang ledeng

Vodovodni inštalater

tukang pos

Poštar

tentara

Vojak

arsitek

Arhitekt

kasir

Blagajnik

penjual bunga

Cvetličar

penata rambut

Frizer

konduktor

Sprevodnik

montir

Mehanik

kapten

Kapitan

dokter gigi

Zobozdravnik

ilmuwan

Znanstvenik

rabbi

Rabin

imam

Imam

biarawan

Menih

pendeta

Duhovnik

alat

Orodje

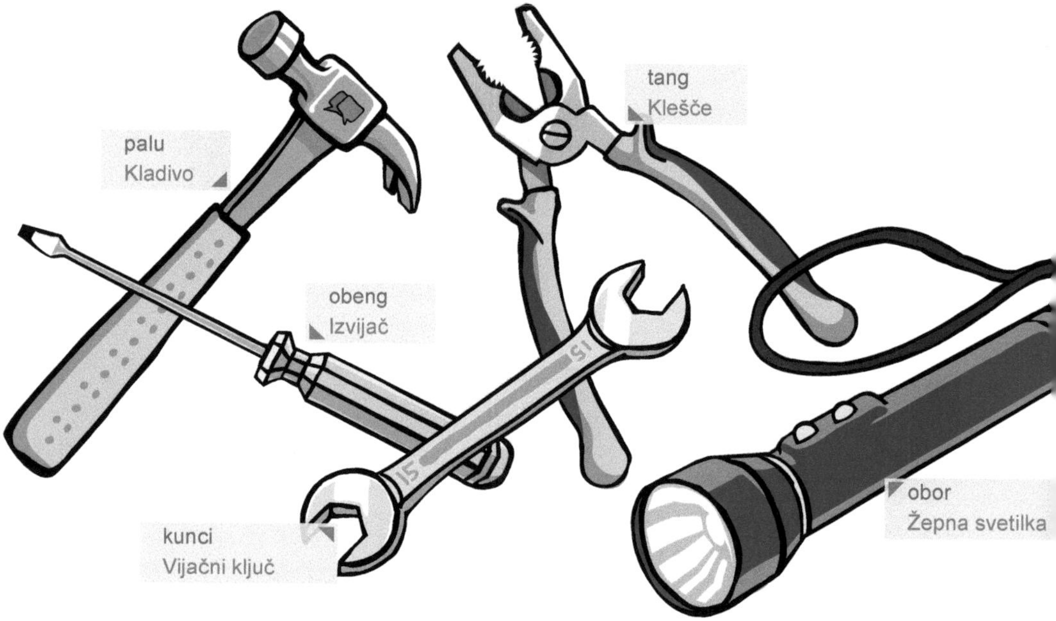

palu
Kladivo
tang
Klešče
obeng
Izvijač
kunci
Vijačni ključ
obor
Žepna svetilka

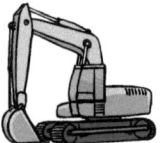

penggali

Bager

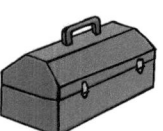

tas perkakas

Zaboj z orodjem

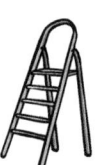

tangga

Lestev

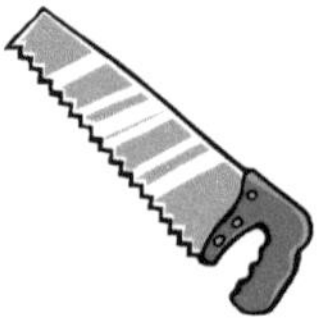

gergaji

Žaga

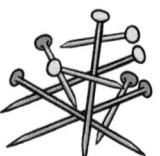

paku

Žeblji

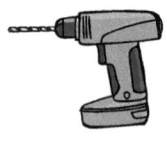

bor

Vrtalnik

perbaikan
....
Popraviti

sekop
....
Lopata

Sialan!
....
Šment!

cikrak
....
Smetišnica

pot cat
....
Posoda z barvo

sekrup
....
Vijaki

alat musik
Glasbeni instrument

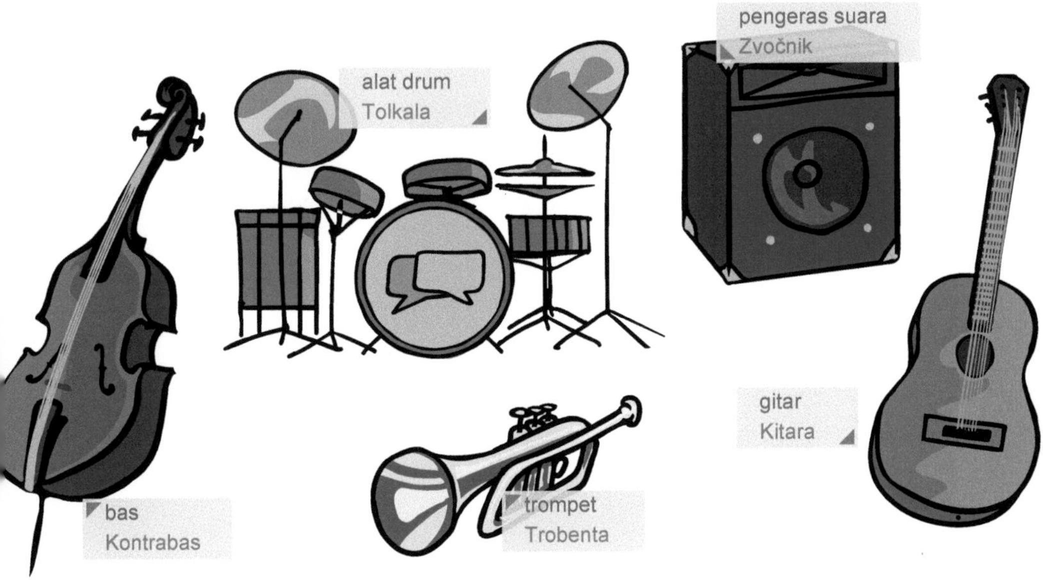

pengeras suara
Zvočnik

alat drum
Tolkala

bas
Kontrabas

trompet
Trobenta

gitar
Kitara

piano

Klavir

violin

Violina

bass

Bas kitara

tambur

Pavke

drum

Bobni

keyboard

Sintetizator

saksofon

Saksofon

suling

Flavta

mikrofon

Mikrofon

alat musik - Glasbeni instrument

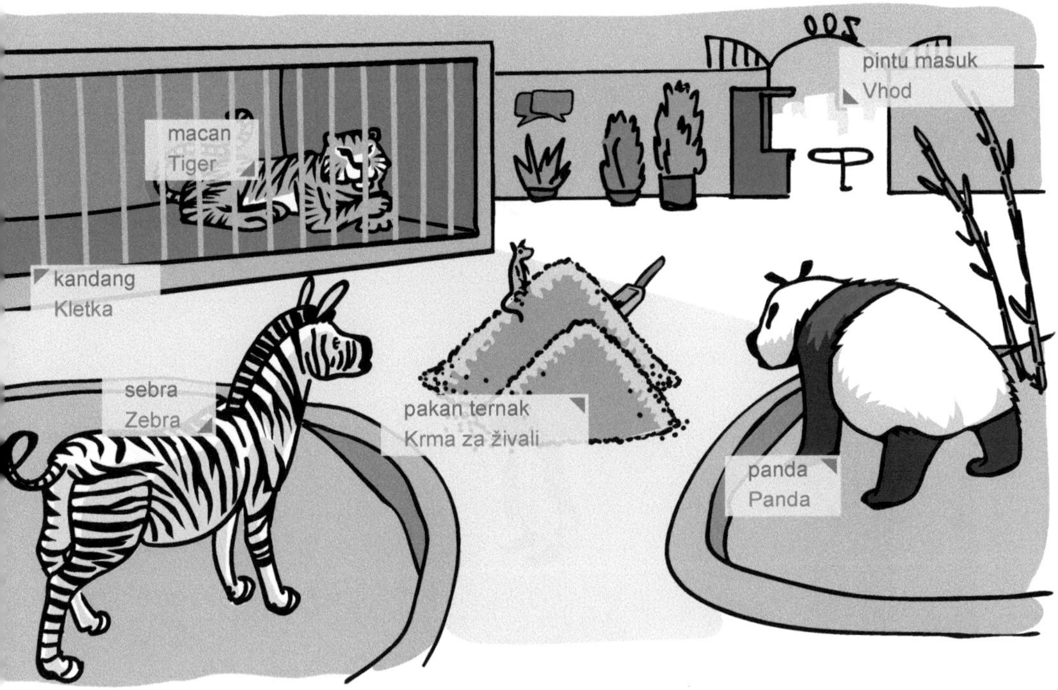

pintu masuk
Vhod

macan
Tiger

kandang
Kletka

sebra
Zebra

pakan ternak
Krma za živali

panda
Panda

hewan

Živali

gajah

Slon

kanguru

Kenguru

badak

Nosorog

gorila

Gorila

beruang

Medved

unta

Kamela

burung unta

Noj

singa

Lev

monyet

Opica

flamingo

Plamenec

burung beo

Papagaj

beruang polar

Severni medved

penguin

Pingvin

hiu

Morski pes

merak

Pav

ular

Kača

buaya

Krokodil

penjaga kebun binatang

Oskrbnik v živalskem vrtu

segel

Tjulenj

jaguar

Jaguar

kuda poni

Poni

macan tutul

Leopard

kuda nil

Povodni konj

jerapah

Žirafa

burung elang

Orel

babi jantan

Divji prašič

ikan

Riba

kura-kura

Želva

anjing laut

Mrož

rubah

Lisica

kijang

Gazela

american football
Ameriški nogomet

naik sepeda
Kolesarjenje

tennis
Tenis

basketbal
Košarka

bernang
Plavanje

tinju
Boks

hoki es
Hokej

sepak bola
....
Nogomet

badminton
....
Badminton

atletik
....
Atletika

bola tangan
....
Rokomet

main ski
....
Smučanje

polo
....
Polo

aktivitas
Dejavnosti

ketawa
Smejati se
meloncat
Skočiti
memeluk
Objeti
berjalan
Hoditi
menyanyi
Peti
mengimpi
Sanjati
berdoa
Moliti
mencium
Poljubiti

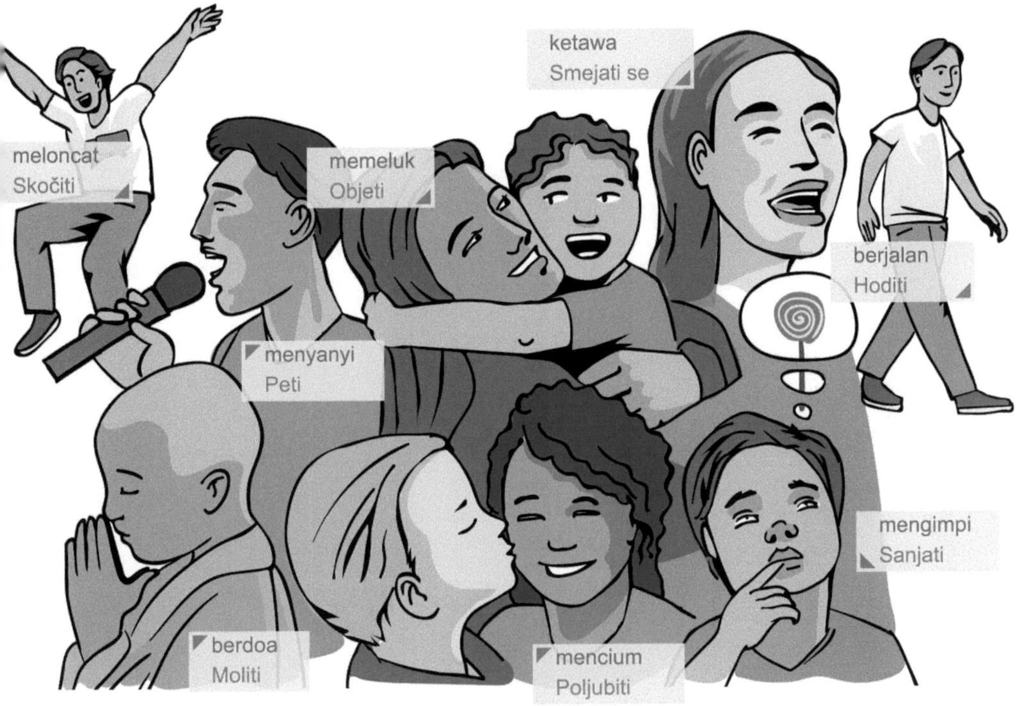

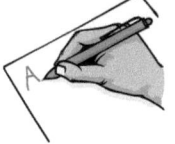

menulis
Pisati

melukis
Risati

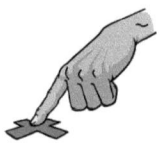

menunjuk
Pokazati

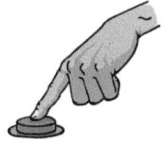

mendorong
Potisniti

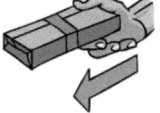

memberikan
Dati

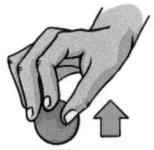

mengambil
Vzeti

mempunyai

Imeti

melakukan

Narediti

adalah

Biti

berdiri

Stati

berlari

Teči

menarik

Vleči

melempar

Vreči

jatuh

Pasti

tidur

Ležati

menunggu

Čakati

membawa

Nositi

duduk

Sedeti

berpakaian

Obleči se

tidur

Spati

bangun

Zbuditi se

melihat

Gledati

menangis

Jokati

mengelus

Božati

menyisir

Česati se

berbicara

Govoriti

mengerti

Razumeti

menanyak

Vprašati

mendengar

Poslušati

minum

Piti

makan

Jesti

merapikan

Pospraviti

cinta

Ljubiti

memasak

Kuhati

menyetir

Voziti

terbang

Leteti

aktivitas - Dejavnosti

berlayar

Jadrati

menghitung

Računanje

membaca

Brati

belajar

Učiti se

bekerja

Delati

menikah

Poročiti se

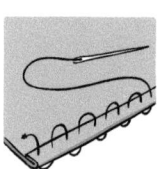

menjahit

Šivati

sikat gigi

Ščetkati si zobe

membunuh

Ubiti

merokok

Kaditi

kirim

Poslati

keluarga
Družina

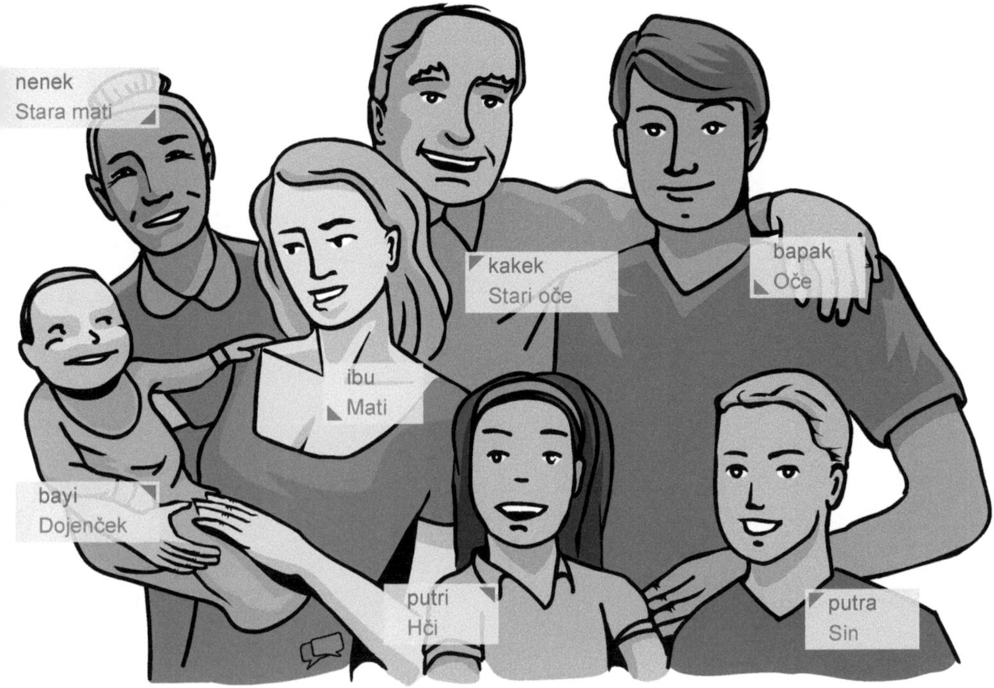
nenek
Stara mati
kakek
Stari oče
bapak
Oče
ibu
Mati
bayi
Dojenček
putri
Hči
putra
Sin

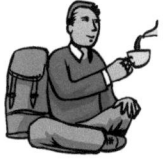

tamu
Gost

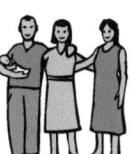

bibi
Teta

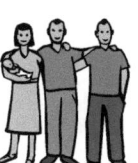

paman
Stric

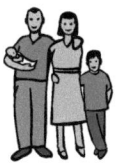

kakak laki
Brat

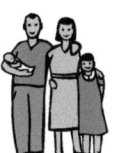

kakak perempuan
Sestra

badan
Telo

dahi
Čelo
mata
Oko
bahu
Rama
jari
Prst
muka
Obraz
dagu
Brada
tangan
Dlan
kaki
Noga
payudara
Prsi
lengan
Roka

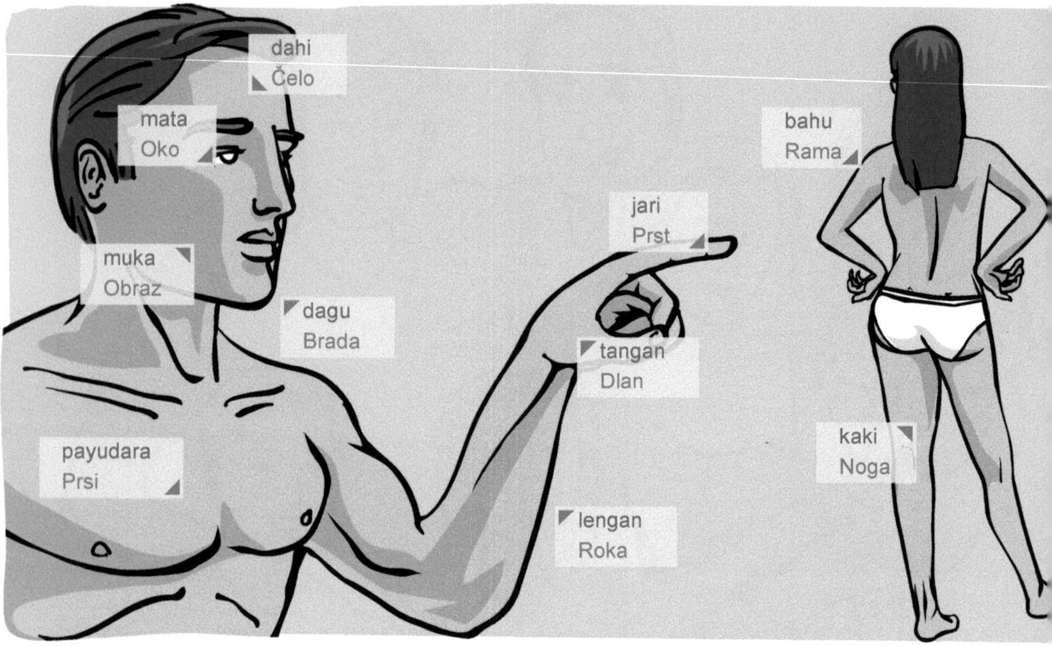

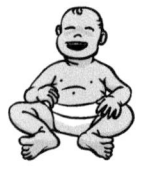

bayi
Dojenček

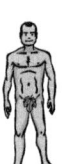

pria
Človek

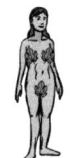

wanita
Ženska

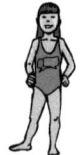

perempuan
Dekle

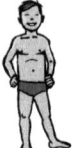

laki
Fant

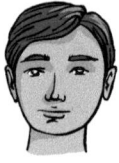

kepala
Glava

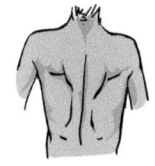

punggung

Hrbet

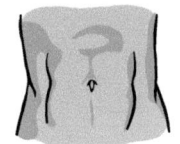

perut

Trebuh

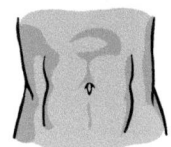

pusar

Popek

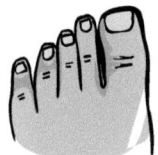

toe

Prst na nogi

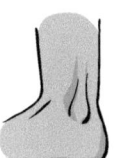

tumit

Peta

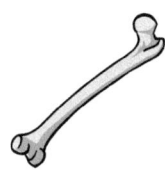

tulang

Kost

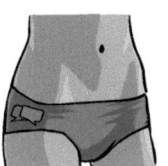

pinggang

Kolk

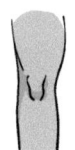

lutut

Koleno

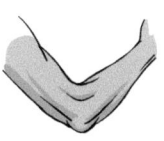

siku

Komolec

hidung

Nos

pantat

Zadnjica

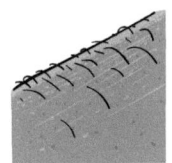

kulit

Koža

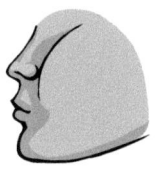

pipi

Lice

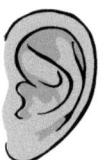

telinga

Uho

bibir

Ustnica

mulut

Usta

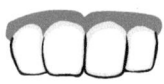

gigi

Zob

lidah

Jezik

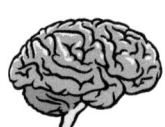

otak

Možgani

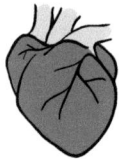

jantung

Srce

otot

Mišica

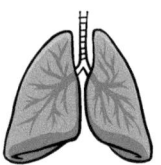

paru-paru

Pljuča

hati

Jetra

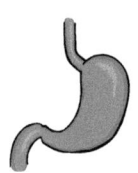

stomach

Želodec

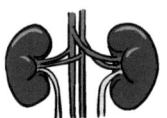

ginjal

Ledvice

hubungan seks

Spolni odnos

kondom

Kondom

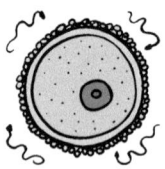

sel telur

Jajčece

sperma

Semenska tekočina

kehamilan

Nosečnost

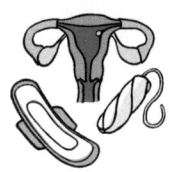

menstruasi

Menstruacija

vagina

Vagina

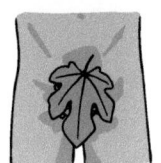

penis

Penis

alis

Obrv

rambut

Lasje

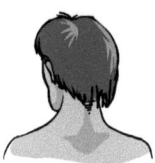

leher

Vrat

rumah sakit
Bolnišnica

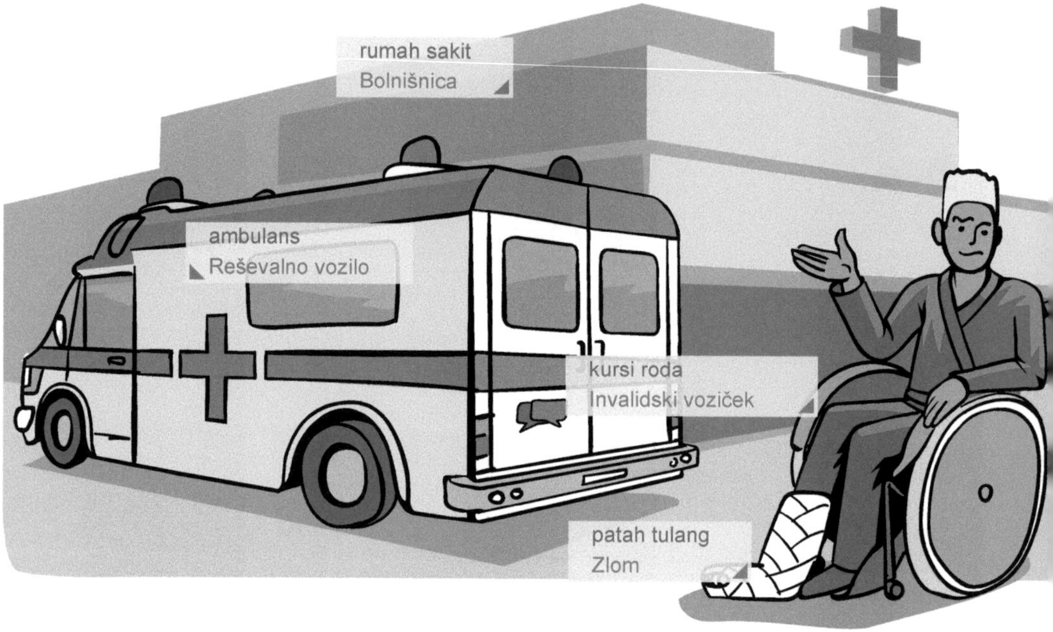

rumah sakit
Bolnišnica
ambulans
Reševalno vozilo
kursi roda
Invalidski voziček
patah tulang
Zlom

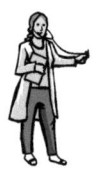

dokter

Zdravnik

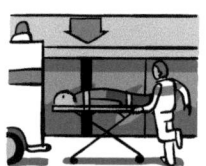

ruang darurat

Urgenca

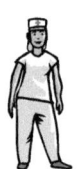

perawat

Medicinska sestra

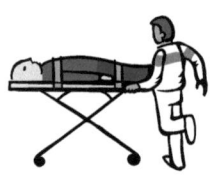

darurat

Nujni primer

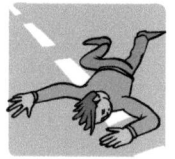

semaput

Nezavesten

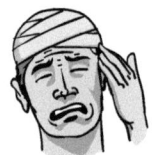

sakit

Bolečina

cedera
Poškodba

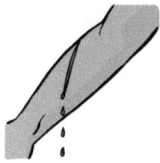

perdarahan
Krvavenje

serangan jantung
Srčni infarkt

stroke
Kap

alergi
Alergija

batuk
Kašelj

demam
Vročina

flu
Gripa

diare
Driska

sakit kepala
Glavobol

kanker
Rak

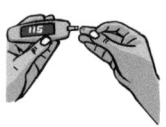

diabetes
Sladkorna bolezen

ahli bedah
Kirurg

pisau bedah
Skalpel

operasi
Operacija

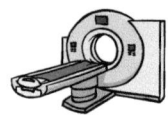

CT
CT

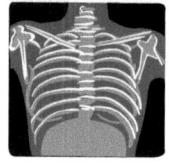

sinar x
Rentgen

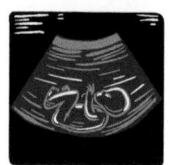

usg
Ultrazvok

topeng
Obrazna maska

penyakit
Bolezen

ruang tunggu
Čakalnica

penyokong
Bergla

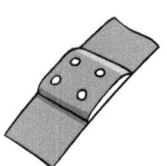

plester
Obliž

perban
Preveza

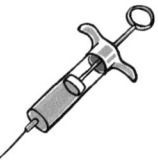

injeksi
Injekcija

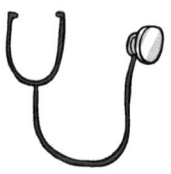

stetoskop
Stetoskop

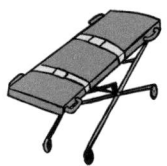

usungan
Nosila

termometer klinis
Klinični termometer

kelahiran
Porod

kelebihan berat badan
Prekomerna teža

alat pendengar

Slušni pripomoček

desinfektan

Razkužilo

infeksi

Okužba

virus

Virus

HIV / AIDS

HIV / AIDS

obat

Medicina

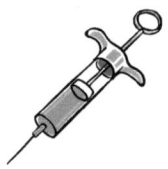

vaksinasi

Cepljenje

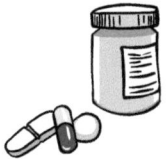

tablet

Tablete

pil

Tableta

panggilan darurat

Klic v sili

ukur tekanan darah

Merilnik krvnega tlaka

sakit / sehat

bolano / zdravo

Tolong!

Na pomoč!

penyerbuan

Napad

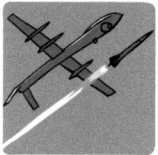

serangan

Napad

bahaya

Nevarnost

pintu darurat

Izhod v sili

Api!

Gori!

alat pemadam kebakaran

Gasilni aparat

kecelakaan

Nezgoda

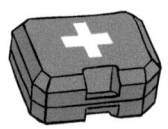

kit pertolongan pertama

Komplet za prvo pomoč

SOS

SOS

polisi

Policija

Eropa

Evropa

Amerika Utara

Severna Amerika

Amerika Selatan

Južna Amerika

Afrika

Afrika

Asia

Azija

Australi

Avstralija

Atlantik

Atlantski ocean

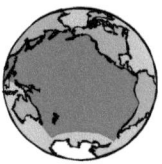

Pasifik

Tihi ocean

Samudra India

Indijski ocean

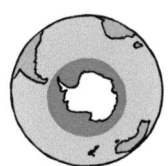

Samudra Antartika

Južni ocean

Samudra Arktik

Arktični ocean

kutub utara

Severni tečaj

kutub selatan
Južni tečaj

Antarktika
Antarktika

bumi
Zemlja

tanah
Kopno

laut
Morje

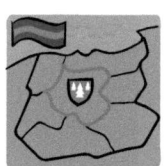

pulau
Otok

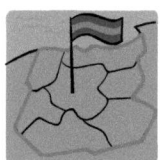

bangsa
Narod

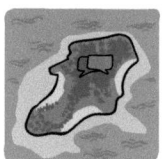

negara
Država

jam wajah

Številčnica

jarum pendek

Urni kazalec

jarum menit

Minutni kazalec

jarum detik

Sekundni kazalec

Jam berapa?

Koliko je ura?

hari

Dan

waktu

Čas

sekarang

Zdaj

jam digital

Digitalna ura

menit

Minuta

jam

Ura

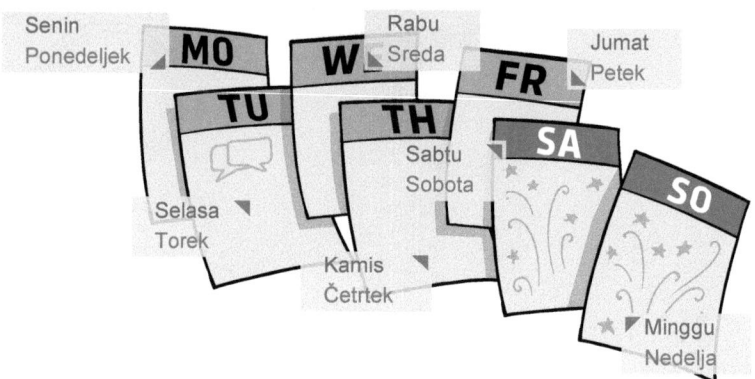

Senin
Ponedeljek
MO

Rabu
Sreda
W

Jumat
Petek
FR

TU

TH

SA

Selasa
Torek

Sabtu
Sobota

SO

Kamis
Četrtek

Minggu
Nedelja

kemaren
....
Včeraj

hari ini
....
Danes

besok
....
Jutri

pagi
....
Jutro

siang
....
Poldne

malam
....
Večer

hari kerja
....
Delovni dnevi

akhir minggu
....
Konec tedna

tahun
Leto

hujan
Dež
pelangi
Mavrica
angin
Veter
salju
Sneg
musim semi
Pomlad
musim gugur
Jesen
musim panas
Poletje
musim dingin
Zima

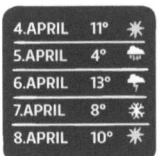

4.APRIL 11°
5.APRIL 4°
6.APRIL 13°
7.APRIL 8°
8.APRIL 10°

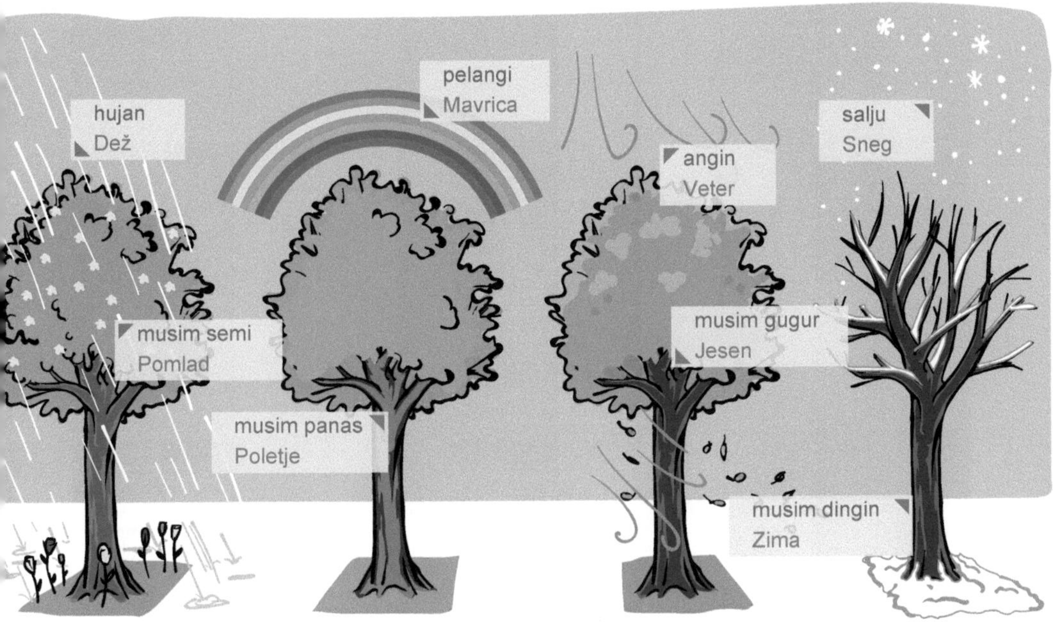

ramalan cuaca

Vremenska napoved

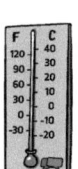

termometer

Termometer

matahari

Sončna svetloba

awan

Oblak

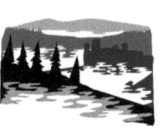

kabut

Megla

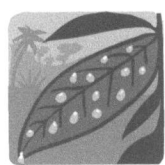

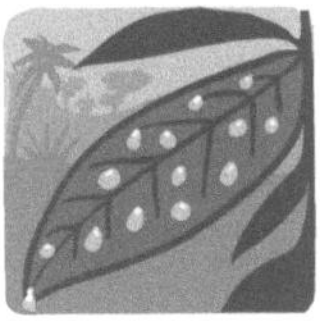

kelembahan

Vlažnost

kilat

Strela

guntur

Grom

badai

Nevihta

hujan es

Toča

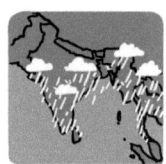

monsun

Monsun

banjir

Poplava

es

Led

Januari

Januar

Februari

Februar

Maret

Marec

April

April

Mei

Maj

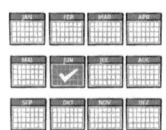

Juni

Junij

Juli

Julij

Agustus

Avgust

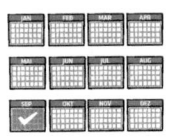

September

September

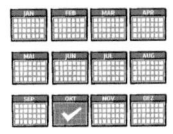

Oktober

Oktober

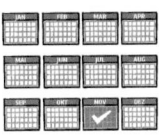

November

November

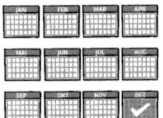

Desember

December

bentuk

Oblike

lingkaran

Krogla

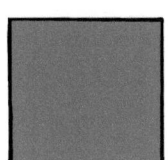

persegi

Kvadrat

persegi panjang

Pravokotnik

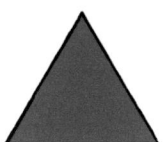

segi tiga

Trikotnik

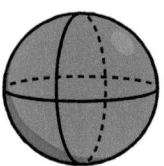

bola

Krogla

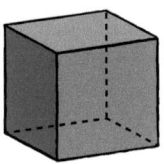

kubus

Kocka

putih

Bela

kuning

Rumena

oranye

Oranžna

pink

Rožnata

merah

Rdeča

ungu

Vijolična

biru

Modra

hijau

Zelena

coklat

Rjava

abu-abu

Siva

hitam

Črna

banyak / sedikit

veliko / malo

marah / tenang

jezno / umirjeno

cantik / jelek

lepo / grdo

mulaih / selesai

začetek / konec

besar / kecil

veliko / majhno

terang / gelap

svetlo / temno

saudara laki-laki / saudara perempuan

brat / sestra

bersih / kotor

čisto / umazano

lengkap / tidak lengkap

popolno / nepopolno

hari / malam

dan / noč

mati / hidup

mrtvo / živo

luas / sempit

široko / ozko

dapat dimakan / tidak dapat
dimakan
....
užitno / neužitno

jahat / baik
....
zlobno / prijazno

bersemangat / bosan
....
vznemirjeno / zdolgočaseno

gemuk / kurus
....
debelo / vitko

pertama / terakhir
....
prvo / zadnje

teman / musuh
....
prijatelj / sovražnik

penuh / kosong
....
polno / prazno

keras / lembut
....
trdo / mehko

berat / enteng
....
težko / lahko

lapar / haus
....
lakota / žeja

sakit / sehat
....
bolano / zdravo

ilegal / legal
....
nezakonito / zakonito

cerdas / bodoh
....
pametno / neumno

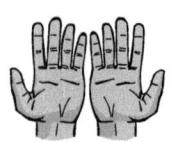

kiri / kanan
....
levo / desno

dekat / jauh
....
blizu / daleč

baru / bekas
....
novo / rabljeno

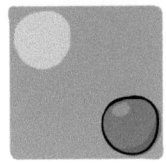

tidak ada apapun / sesuatu
....
nič / nekaj

tua / muda
....
staro / mlado

nyala / mati
....
vklopljeno / izklopljeno

buka / tutup
....
odprto / zaprto

tenang / keras
....
tiho / glasno

kaya / miskin
....
bogato / revno

benar / salah
....
prav / narobe

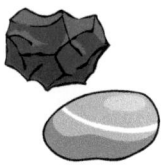

kasar / halus
....
grobo / gladko

sedih / gembira
....
žalostno / veselo

pendek / panjang
....
kratko / dolgo

pelan-pelan / cepat
....
počasi / hitro

basah / kering
....
mokro / suho

hangat / sejuk
....
toplo / hladno

perang / damai
....
vojna / mir

0	**1**	**2**
nol	satu	dua
Ničla	Ena	Dva

3	**4**	**5**
tiga	empat	lima
Tri	Štiri	Pet

6	**7**	**8**
enam	tujuh	delapan
Šest	Sedem	Osem

9	**10**	**11**
sembilan	sepuluh	sebelas
Devet	Deset	Enajst

12	**13**	**14**
duabelas	tigabelas	empatbelas
Dvanajst	Trinajst	Štirinajst

15	**16**	**17**
limabelas	enambelas	tujuhbelas
Petnajst	Šestnajst	Sedemnajst

18	**19**	**20**
delapanbelas	sembilanbelas	duapuluh
Osemnajst	Devetnajst	Dvajset

100	**1.000**	**1.000.000**
seratus	seribu	juta
Sto	Tisoč	Milijon

bahasa-bahasa

Jeziki

Inggris

Angleščina

bahasa Inggris Amerika

Ameriška angleščina

bahasa Cina Mandarin

Mandarinščina

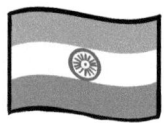

bahasa Hindi

Hindujščina

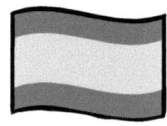

bahasa Spanyol

Španščina

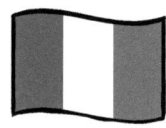

bahasa Perancis

Francoščina

bahasa Arab

Arabščina

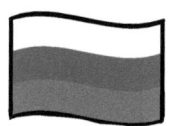

bahasa Rusia

Ruščina

bahasa Portugis

Portugalščina

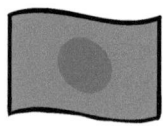

bahasa Bengal

Bengalščina

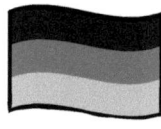

bahasa Jerman

Nemščina

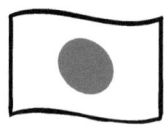

bahasa Jepang

Japonščina

saya

Jaz

kamu

Ti

dia

On / ona / tisto

kita

Mi

kalian

Vi

mereka

Oni

siapa?

Kdo?

apa?

Kaj?

begaimana?

Kako?

dimana?

Kje?

kapan?

Kdaj?

nama

Ime

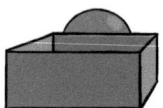

dibelakang

Zadaj

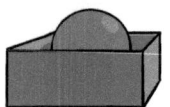

di

V

didepan

Pred

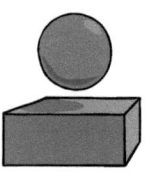

diatas

Nad

diatas

Na

dibawah

Pod

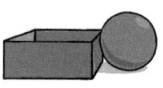

sebelah

Poleg

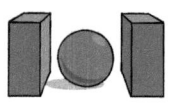

di antara

Med

tempat

Kraj